# CHARLES ROBIN

---

# LA POLITIQUE ROYALISTE

## TELLE QU'ELLE EST IMPOSÉE

### PAR LES FAITS

## AU PATRIOTISME DE TOUS LES FRANÇAIS

> Le Code civil, en détruisant les influences héréditaires, a paralysé l'action nécessaire et bienfaisante des hautes classes sur le peuple et rendu plus difficile l'éducation politique de ce dernier : il est du plus grand intérêt social que les hautes classes et le peuple s'efforcent de reconstituer les liens de solidarité et d'affection qui unissaient autrefois le propriétaire, le cultivateur et l'ouvrier.
>
> DARESTE (*Des Classes agricoles*).

Prix : 1 fr. 25

PARIS

IMPRIMERIE A. PARENT, A. DAVY, successeur,

52, RUE MADAME, ET RUE CORNEILLE, 3.

1886

# CHARLES ROBIN

---

# LA POLITIQUE ROYALISTE

### TELLE QU'ELLE EST IMPOSÉE

### PAR LES FAITS

## AU PATRIOTISME DE TOUS LES FRANÇAIS

> Le Code civil, en détruisant les influences héréditaires, a paralysé l'action nécessaire et bienfaisante des hautes classes sur le peuple et rendu plus difficile l'éducation politique de ce dernier : il est du plus grand intérêt social que les hautes classes et le peuple s'efforcent de reconstituer les liens de solidarité et d'affection qui unissaient autrefois le propriétaire, le cultivateur et l'ouvrier.
>
> DARESTE (*Des Classes agricoles*).

---

**Prix : 1 fr. 25**

---

PARIS

IMPRIMERIE A. PARENT, A. DAVY, successeur,

52, RUE MADAME, ET RUE CORNEILLE, 3.

1886

# LA POLITIQUE ROYALISTE



TELLE QU'ELLE EST IMPOSÉE

PAR LES FAITS

AU PATRIOTISME DE TOUS LES FRANÇAIS

---

Non seulement nos adversaires, mais encore un très grand nombre de républicains, et, parmi eux, les plus intelligents et les plus perspicaces, sont convaincus que si la République persiste dans la voie où elle s'est engagée, elle-même, par ses propres fautes, depuis plusieurs années, et dans laquelle elle est entraînée chaque jour plus rapidement, d'une façon en quelque sorte fatale, la France sera amenée, dans un avenir prochain, par la force des événements, et, si l'on est prudent et sage, par le jeu naturel des manifestations de sa volonté, à chercher dans une autre forme de gouvernement les garanties dont elle ne saurait se passer trop longtemps sans cesser d'être la France, c'est-à-dire une grande nation, avec le rôle prépondérant auquel ses traditions et sa puissance lui donnent le droit de prétendre.

Quelle sera cette forme de gouvernement?

Pour tous les royalistes, pour les ministres républicains eux-mêmes qui viennent de proclamer le Roi, en l'expulsant, comme constituant un danger immédiat, nul doute n'est plus permis à cet égard. C'est la monarchie constitutionnelle, représentée par M. le comte de Paris. C'est au surplus la forme adoptée aujourd'hui par presque tous les grands États de l'Europe, et c'est la seule logique et qui puisse, dans l'Europe moderne et en l'état actuel de la civilisation, assurer à une grande nation, sous l'égide d'un pouvoir tutélaire et indiscuté, le libre développement de ses intérêts et de ses libertés, et lui donner cette force de cohésion, cette unité et cette suite dans la direction, qui peuvent garantir les progrès acquis et permettre d'arriver sans secousse et sûrement aux progrès de l'avenir.

*<br>* *

La République, en France, dans l'état actuel de l'éducation politique du peuple, et par le fait de son principe, est et sera longtemps encore fatalement condamnée à revêtir l'un de ces caractères : elle ne peut être qu'autoritaire, c'est-à-dire jacobine, ou anarchique, c'est-à-dire communale. Il lui est absolument interdit d'être libérale, le voulût-elle comme l'ont voulu, avec l'ascendant de leur talent et de leur autorité, les Thiers, Dufaure, Jules Simon et autres, et comme le voudraient peut-être encore aujourd'hui quelques ministres mieux intentionnés que perspicaces. C'est là une vérité qui n'est plus à démontrer ; elle l'a été par les faits eux-mêmes et la démonstration s'en poursuit chaque jour sous nos yeux.

Non, il n'y a pas de place, en République, pour la liberté, qu'il importe de ne pas confondre avec la licence ; c'est forcément et toujours une partie de la nation asservie à l'autre et exploitée par elle. L'Amérique elle-même, État fédéral, construit politiquement et économiquement d'une façon toute différente que la France, sans histoire, presque sans tradition, surtout sans unité d'origine, n'échappe pas à ce mal originel. La partie asservie, fût-elle la majorité parlementaire, moins une seule voix, fût-elle même la majorité réelle dans la nation, comme cela s'est vu, elle ne saurait prétendre à aucun droit et ne doit s'attendre à aucune justice. La République ne peut se maintenir qu'à cette condition d'avoir toujours pour elle la majorité du nombre, base instable, provisoire perpétuel ; que cette condition cesse d'exister, la République elle-même disparaîtra. Je défie quiconque voudra raisonner sérieusement sur des faits contingents et être logique avec le principe républicain, la souveraineté absolue du nombre, et non pas théoriquement, en ne tenant compte ni des faits, ni des milieux, de me démontrer le contraire.

*<br>* *

L'Empire, lui, conception bâtarde, basé sur le même principe, le plébiscite, ne diffère guère de la République que par le nom, sauf qu'il ne peut revêtir qu'une seule forme, la forme autoritaire, appelée le césarisme. Comme à la République, il lui est interdit d'être libéral. Un empire libéral, c'est un contre-sens; c'est un empire perdu. L'expérience le démontre; qu'on veuille bien se rappeler la politique suivie après 1860, avec le ministère Ollivier. Du jour où l'autorité, c'est-à-dire la force, ne le soutient plus, l'Empire, ne trouvant aucun appui dans son principe, doit disparaître, et invariablement ce sera l'anarchie et la violence qui lui succéderont.

La forme impériale, comme la dictature à Rome, peut correspondre, à un moment donné de l'histoire d'un peuple, à des nécessité transitoires et avoir sa raison d'être et même de la grandeur et de l'éclat, par exemple, dans une période de lutte avec l'extérieur, alors qu'il est bon que toute une nation soit, pour ainsi dire, dans la main d'un seul homme, surtout si cet homme est un génie, comme l'ont été, dans l'antiquité, plusieurs Romains illustres, et, dans les temps modernes, Napoléon Ier. Mais cette forme de gouvernement, l'histoire est là toute entière pour le confirmer, et son principe suffit à en expliquer la cause, ne saurait être le gouvernement normal et définitif d'un peuple. On comprendrait le bonapartisme comme la substitution pure et simple d'une dynastie à une autre; comme les bonapartistes de France le comprennent et prétendent le pratiquer, c'est-à-dire comme

principe distinct de gouvernement, on ne le comprend
pas, et il ne correspond actuellement à aucune nécessité
sociale. Cela est si vrai, que le chef des bonapartistes,
le prince Napoléon, esprit logique et perspicace, le
proclame lui-même et ne fait à la République actuelle
aucun reproche plus grave que celui de n'être pas autoritaire, c'est-à-dire impériale, les deux termes sont
synonymes. Comme la République, dans l'état actuel
des esprits, en France, et du degré d'éducation politique du peuple, deux conditions dont on a le plus
grand tort de ne pas tenir assez compte, car tout est
là, l'Empire ne saurait être, à l'intérieur, qu'un
gouvernement de combat, ne pouvant vivre et se soutenir que par une lutte perpétuelle et par la corruption. Sous un pareil régime, la paix ne saurait se
comprendre qu'à la condition qu'une partie de la nation obéirait à l'autre ; que le peuple se diviserait en
deux parties que l'on pourrait caractériser par ces
termes : côté des valets et côté des opprimés, de
même que sous la République il y a le parti des ex-
ploiteurs et celui des exploités.

*<br>* *

Il n'y a pas de constitution ni de régime parfaits ;
la perfection n'est pas de ce monde et la monarchie
n'est point la perfection ; mais elle constitue actuellement, dans l'Europe civilisée, en tenant compte,
comme des hommes d'État sérieux doivent le faire, de
toutes les circonstances d'origine, de lieux et de mi-

lieux, le gouvernement le meilleur, le moins impar-
fait, si lon veut. Avec la monarchie constitutionnelle,
telle qu'elle doit être entendue et pratiquée dans nos
sociétés modernes, et pas autrement, le principe d'autorité et de garantie de la liberté de tous ne réside pas
dans la volonté du Prince, lequel n'est et ne doit être
que la personnification, quelque chose comme la raison sociale du système lui-même ; il ne réside pas
davantage dans la majorité parlementaire ou électorale, lesquelles sont changeantes et sujettes à erreur ;
il réside tout entier dans la constitution elle-même,
dans cette charte contradictoirement formulée et acceptée par les deux parties, absolument inattaquable
dans son principe, modifiable seulement dans ses éléments, essentiellement perfectible et ouverte.

Certes, dans cette constitution d'une monarchie
vraiment moderne, telle que je la conçois, la seule
possible aujourd'hui, il y a beaucoup à laisser des an-
ciennes constitutions du passé, quel que soit leur nom,
faites pour d'autres temps et répondant à d'autres nécessités, et il y a bien des éléments nouveaux à y introduire pour en faire la constitution de l'avenir, ap-
propriée aux conditions sociales et économiques nou-
velles, ainsi qu'aux idées et aux progrès acquis. Mais
tout cela peut être relativement facile. Ces réformes
nécessaires, elles sont indiquées et commandées par
les faits eux-mêmes, et, quand le moment sera venu,
ils ne manqueront pas, il faut l'espérer, les hommes
vraiment patriotes, ouvriers de l'heure décisive, qui
auront eu des événements du passé une vue claire et

exacte, et auront le calme, la volonté et l'habileté d'en mettre en pratique les enseignements.

Il ne saurait donc y avoir aucun doute à cet égard. Le gouvernement que tous les Français qui aiment véritablement et au-dessus de tout leur pays doivent désirer, le jour où la République sombrera d'elle-même, naturellement, sous le poids de ses fautes, lui substituer immédiatement et sans révolution, c'est la monarchie constitutionnelle. Sur ce sujet, tous les royalistes de France sont d'accord, et je suis en complète union avec eux. Mais où je diffère absolument avec beaucoup d'entre eux, non pas certainement avec tous, c'est sur la manière d'entendre la politique royaliste et surtout de l'appliquer.

A aucun titre je ne suis un révolutionnaire ni ne veux être un agitateur ; pour aucune raison et dans aucun temps je n'engagerai mes concitoyens, ni ne prêterai la main au renversement du gouvernement de mon pays, quel qu'il soit, sans leur dire préalablement et nettement par quel gouvernement j'entends le remplacer. Toute autre politique me paraît impolitique d'abord, et déloyale. Je n'admets pas que les royalistes puissent être autre chose que des patriotes, qu'ils puissent mettre dans leurs préoccupations rien au-dessus du service de la France et de son bien.

*<br>* *

Or, quel est, dans les circonstances actuelles, le bien de la France ? A mon avis, ce n'est point, pour elle, d'avoir à sa tête un président de la République, ou un roi, ou voire même un empereur, ni pour ministres telles ou telles personnalités. Il est tout entier dans ceci : posséder un bon gouvernement, le meilleur. Je n'apporte dans la politique ni sentiment, ni passion, et m'est avis qu'il faut absolument les en bannir, et, quand je viens affirmer, comme je viens de le faire, que la monarchie est actuellement, pour la reconstitution et le relèvement de la France, la solution nécessaire, ce n'est pas parce que je suis royaliste de cœur et de tradition, mais uniquement, qu'on le sache bien, parce que j'aime avant tout mon pays, et parce que je suis impérieusement convaincu que cette solution est la seule possible. Si la République m'eût apporté cette solution, c'est-à-dire, avec l'ordre et l'honneur, la prospérité de mon pays, je l'aurais acceptée, et, j'en suis convaincu, la plupart des royalistes, et les meilleurs, l'auraient acceptée de même, car, ce qu'ils veulent, avant tout, c'est le bien de la patrie, et ils ont raison.

*<br>* *

Naturellement, les républicains, de leur côté, sont convaincus que le gouvernement le meilleur, c'est le leur, celui dont ils sont les ministres. C'est leur droit, je dirai même : c'est leur devoir. Sans cela, ils ne seraient qu'un parti de politiciens à la recherche du pouvoir et de ses revenant-bon, et dont la conviction se mesurerait à l'intérêt personnel. Je sais bien qu'il y en a beaucoup, parmi eux, — sommes-nous bien sûrs qu'il n'y en ait pas parmi les royalistes? — de ces ambitieux sans vergogne et en tous points méprisables ; mais soyons tranquilles, le pays, à son heure, saura les distinguer et en faire bonne justice.

En attendant, mon avis est que, d'une manière générale, nous, royalistes, revendiquant le droit à l'existence, si nous voulons qu'on nous l'accorde, nous devons à nos adversaires le bénéfice de la bonne foi. D'une manière générale, je le répète, ils veulent la République parce qu'ils croient que c'est le meilleur des gouvernements, non pas pour eux, mais pour la France. Je ne voudrais pas jurer que beaucoup de républicains ne me trouveront pas un peu naïf dans cette circonstance.

Quoi qu'il en soit, nous royalistes, nous sommes absolument convaincus du contraire, et précisément pour cela, mais à cause de cela seulement, nous avons le droit et le devoir impérieux de conformer nos actes à nos convictions, d'arborer notre drapeau dans la limite où il ne constitue pas une provocation à l'insurrection, et d'affirmer nos principes en toutes circonstances, devant nos concitoyens, sous une forme qui ne constituera pas une excitation, mais bien pour arriver à une simple édification sur leurs vrais intérêts.

*<br>* *

La République existe ; elle est le gouvernement légal de la France ; à diverses reprises, elle a été sanctionnée

par le suffrage universel, qui a été octroyé prématuré-
ment, à ce titre, dangereux, mais qui est et doit rester,
c'est mon avis du moins, à la base de toutes les constitutions de l'avenir, sauf certaines modifications nécessaires dans son fonctionnement, sur lesquelles j'ai des
idées précises, et tendant à assurer au suffrage universel, en même temps que l'intégralité et la sincérité
qu'il ne possède pas aujourd'hui, le modérateur indispensable, la responsabilité, laquelle fait absolument
défaut dans la législation actuelle.

Que nous le voulions ou non, la République est donc
un fait, et ce fait est l'expression irréfléchie, mal éclairée, sans doute, c'est notre avis à nous, mais enfin
l'expression quelconque d'une volonté que nous devons, au moins en fait, respecter, celle de la France.

Dans une semblable situation, quel est, toujours
selon moi, je ne fais ici que développer des idées per-
sonnelles, le devoir des royalistes et de tous ceux qui,
à quelque parti qu'ils appartiennent, sont intimement
convaincus que la République conduit rapidement la
France à sa ruine, et ont la volonté de préparer, pour
le cas échéant, son salut et son relèvement? qu'est-ce
que le patriotisme leur permet et leur impose en
même temps?

*<br>* *

Le but à atteindre, le rétablissement de la monarchie constitutionnelle, est, selon moi, complexe; il
suppose deux événements distincts, successifs : le

renversement de la République et son remplacement. Beaucoup de mes amis politiques croient que l'on peut scinder ces deux événements ; les autres, et je suis du nombre, pensent au contraire que ces deux événements sont étroitement liés l'un à l'autre et qu'il ne faut jamais les séparer devant l'opinion. De là deux politiques différentes : la politique de coalition ou conservatrice que je réprouve, que je trouve impolitique et dangereuse, tellement dangereuse que je n'hésite pas à la croire coupable, ainsi que j'espère pouvoir l'établir ; et la politique d'union, de l'union voulue, réfléchie, après discussion et choix, de tous les Français exclusivement patriotes, sur un programme déterminé, politique véritablement nationale. Au moyen de cette dernière, en même temps que le gouvernement à remplacer se détruit et sombre dans l'opinion, le gouvernement qui doit lui succéder se fonde et grandit, jusqu'au moment précis où, sans révolution, sans catastrophe, par le jeu naturel des institutions, l'un se substitue à l'autre. La politique de coalition peut assurément donner aux ambitions pressées, ou peu scrupuleuses, des satisfactions plus immédiates et, au pays, des résultats plus prompts. Mais ces résultats quels sont-ils ? Ce sont, invariablement, notre histoire entière est là pour le prouver, au lendemain du renversement d'un gouvernement, d'horribles déchirements, la violence, l'anarchie ou la dictature, souvent tout cela en même temps. Et même, en admettant les circonstances les plus favorables, les conséquences d'une politique de coalition ne peuvent être, et n'ont jamais été, en fait, que le commencement d'une ère d'incertitude ou d'arbitraire, d'inextricables difficultés, au milieu desquelles un gouvernement nouveau est absolument impuissant à rien réformer, à rien fonder. Ce qu'il peut faire de mieux, et il le fera toujours dans de plus mauvaises conditions que le gouvernement renversé, c'est de maintenir un *statu quo* désastreux.

Donc, ce qui est interdit par le patriotisme aussi bien que par la constitution, c'est la politique de coalition, politique de casse-cou, qui mène à l'assaut d'un gouvernement des masses aveugles, bonne pour tout détruire, mais incapable pour rien fonder. Ce qui est permis, parce que c'est légitime et patriotique, c'est la politique d'union, dont le but est de restaurer, de fonder et non pas de détruire.

*<br>* *

La politique d'union présente, je ne l'ignore pas, des difficultés dans son organisation ; elle peut avoir des débuts pénibles et lents, d'autant plus lents que, par une fatalité malheureuse, on a beaucoup trop tardé pour la mettre en pratique. Mais aucune considération, selon moi, ne doit lui faire préférer, même à cette heure, la politique de coalition.

En toutes choses, en politique surtout, la décision, l'énergie, des idées simples et claires, sont des conditions certaines de succès ; il est sans exemple, dans l'histoire, qu'une opposition bien conduite, fondée sur

le patriotisme et la raison, n'ait pas empoigné l'opinion publique, à un moment donné, et ne soit pas
parvenue à son but. Toute l'histoire moderne, de l'Angleterre, notamment, n'est qu'une longue confirmation
de cette vérité. Et qu'on ne s'y méprenne pas, l'opinion publique, actuellement, en France, quoique
encore hésitante, inconsciente plutôt, est à la monarchie, laquelle est seule dans la logique des faits et
qui réponde à des nécessités sociales pressantes. Le
mouvement est imprimé, la direction donnée, il faudrait ne rien comprendre à ce qui se passe sous nos
yeux pour en douter. La République est irrévocable-
ment condamnée ; sa disparition n'est plus qu'une
question de temps, et je réclame pour elle le bénéfice
d'une mort naturelle, dans l'intérêt de mon pays.

Je suis donc absolument pour la politique d'union,
ouverte à tous, que je considère comme la seule nationale. Insistons encore sur ce grave débat où je m'at-
tends à trouver bien des contradictions, et cela au
risque de me répéter un peu.

*<br>* *

Sans doute, la politique de coalition a été celle du
passé, je ne l'ignore pas, employée successivement par
tous les partis pour se renverser les uns après les
autres. Mais notre histoire contemporaine prouve que
cette politique n'a jamais rien pu fonder de durable,
et qu'elle a été précisément le vice originel de tous les
gouvernements issus d'elle, et qui, tous sans excep-

tion, ont sombré misérablement au milieu de catastrophes et de ruines dont le peuple a supporté tout le poids ; dont ont seuls profité quelques ambitieux et aventuriers. C'est là une vérité tellement évidente, qu'il est presque pénible d'avoir à la répéter.

Il serait donc trop temps d'employer d'autres procédés. A cette politique si formellement condamnée par l'expérience, qui consiste à renverser d'abord pour arriver aux résultats que l'on sait, à débusquer l'ennemi du pouvoir, pour s'installer à sa place et faire souvent plus mal que lui, ne conviendrait-il pas de substituer celle-ci : fonder d'abord dans l'opinion le pouvoir bien déterminé, discuté et voulu, qui doit remplacer le pouvoir à éliminer, et ne se préoccuper, dans cette œuvre légitime, que d'une seule chose, non pas de faire à ses adversaires le plus de mal possible, mais de procurer à son pays le plus grand bien et surtout le plus durable.

Mais quels peuvent être dans un pays comme le nôtre, labouré par les révolutions et où tant de régimes et de systèmes divers ont successivement occupé le pouvoir, plongé des racines et laissé des adhérents, les moyens pratiques et sûrs pour faire aboutir cette politique d'union à laquelle devront se rallier tous les adversaires et tous les désabusés de la République ?

Il n'y en a pas deux ; il n'y en a qu'un. Inaugurer résolument une politique de vérité, de loyauté et de patriotisme. Trop longtemps, on a pratiqué la politique de parti, de passion, d'égoisme et d'expédients, avec laquelle, depuis trois quarts de siècle, on est arrivé à désorienter l'opinion, à gâter les esprits, à pervertir les consciences et à abaisser les caractères.

Royalistes, oui ou non, croyons-nous à la supériorité de la monarchie constitutionnelle sur toute autre forme du gouvernement, et voulons-nous résolument la substituer à la République? Si, oui, il faut le dire et agir en conséquence. Si, non, nous n'avons qu'un droit, celui de nous taire et de subir la République. Il n'y a pas d'autre politique conforme au patriotisme et même à la plus vulgaire loyauté.

*<br>* *

Quels sont donc aujourd'hui, en dehors des royalistes, les adversaires de la République ?

Ce sont d'abord, et en beaucoup plus grand nombre qu'on ne croit, tous les républicains honnêtes, et, quoi qu'on dise, ils sont très nombreux, qui ont cru à la République comme en une forme supérieure et idéale de gouvernement, et qui attendaient d'elle tout autre chose que ce qu'elle a produit. Ceux-ci sont aujourd'hui, j'ai pu en voir plusieurs, et des meilleurs, tout simplement navrés et écœurés par le spectacle des scandales et des turpitudes de la politique républicaine. Ils désespèrent complètement de cette forme de gouvernement, et comme ce ne sont pas des ambitieux, des fanatiques et encore moins de simples ignorants comme il y en a tant qui se disent républicains, sans savoir pourquoi, mais avant tout des patriotes, ils sont tout prêts à adhérer à la forme de

gouvernement qui offrira à leur pays le plus de garanties possible d'ordre, de sécurité et de prospérité.
La monarchie constitutionnelle, j'ai pu le constater
chez plusieurs, à Paris aussi bien qu'en province,
apparaîtra au plus grand nombre, au jour de la fail-
lite définitive de la République, comme la solution
pratique et désirable : « Mais, pour Dieu, sont-ils
« unanimes à dire aux royalistes, ne cachez donc
« point votre drapeau, efforcez-vous donc de répandre
« vos idées et vos doctrines. Vraiment, à vous voir
« prendre tant de précautions pour les dissimuler,
« on dirait que vous en rougissez. Ce n'est point
« nous, qu'il faut prêcher ; ce sont les masses pro-
« fondes qui décident des batailles qu'il faut conver-
« tir. C'est là qu'il faut préparer votre solution, si
« vous voulez la rendre possible et surtout solide, et
« il semble que vous fassiez tout le contraire. Nous
« voyons bien que vous vous efforcez de surprendre
« l'opinion ; nous ne voyons pas que vous vous effor-
« ciez de l'éclairer. En procédant de la sorte, vous
« ne sauriez aboutir qu'à procurer à vous-même de
« cruelles déceptions, et, au pays, de terribles mal-
« heurs. Est-ce donc là votre but ? »

*<br>* *

Après les républicains désabusés et beaucoup
de mécontents, ce sont les bonapartistes qui, en dépit de leur chef légitime, se proclamant lui-même
républicain, rêvent de je ne sais quelle restauration

impériale et plébiscitaire qui serait si peu différente d'une république autoritaire qu'elle en aurait tous les défauts sans aucun des rares avantages.

En eux réside, je le sais, aux yeux des directeurs de la politique conservatrice, toute la difficulté de la situation, et ils estiment avec quelque apparence de raison, qu'il y aurait inconvénient, au point de vue de la pratique électorale, de heurter le parti bonapartiste par une politique royaliste carrément affirmée.

On pourrait faire observer tout d'abord que si le parti bonapartiste a pu se constituer et conquérir quelques adhérents, c'est uniquement par le fait des royalistes et grâce à eux. Après l'effondrement de l'Empire et les terribles événements qui en furent la conséquence, il n'y avait plus de bonapartistes; c'est à ce moment précis qu'il eût fallu saisir l'opinion, mais les royalistes dirigeants, ou plutôt qui eussent dû diriger, ont constamment manqué de flair et de décision. Ce sont les plus honnêtes gens du monde, animés des intentions les meilleures, mais s'ils ne s'allient pas à quelqu'un, ils ne sont pas contents; c'est avec les électeurs seulement qu'on voudrait les voir s'allier. C'est avec eux qu'il faudrait signer des contrats et non pas avec des personnalités qui n'ont souvent que l'importance qu'elles se prêtent et qui ne représentent rien. Et puis les royalistes n'ont pas assez confiance en eux, ils ont des peurs absolument injustifiées. Pensez donc, si on allait leur reprocher les droits du seigneur et les billets de confession, ou

bien encore, les appeler des affameurs de peuples ; vrai·
ment, plutôt que de rire de pareilles inepties qui ne
rendent plus ridicules que ceux qui les débitent, ils
mourraient de chagrin. Ils n'ont pas l'air du tout de
se douter de quel poids sont, en politique pratique,
la décision, l'énergie de la volonté, les formules claires et courtes, pour la défense d'une cause aussi patriotique que la nôtre. Ils paraissent enfin ne compter
pour rien le bon sens et le patriotisme des électeurs,
et c'est là, j'insisterai sur ce point, un tort grave.

Je ne veux pas, je le répète, faire ici de polémique
ni de personnalité ; mais je le ferai, si l'on m'y force
et publiquement. J'ai pris bonne note de toutes les
fautes commises et je croirais faire mon devoir en
combattant des préjugés injurieux pour mes concitoyens et une politique néfaste à mon pays.

Car même, sous le bénéfice de cette constatation,
l'existence d'un parti bonapartiste, je ne puis approuver les procédés des honorables royalistes qui persis-
tent dans la politique de coalition, dont l'organe
principal, par la plume d'un homme dont, autant que
quiconque, j'admire le talent et respecte le caractère,
va jusqu'à dire, dans une circonstance grave : « *Nous
ne sommes ni monarchistes, ni cléricaux.* » Mais alors,
qu'êtes-vous donc, si vous ne trouvez à vous classer
entre M. Jules Simon, le clérical, et M. le duc de
Broglie, le monarchiste. Je trouve de semblables paroles absolument regrettables et l'on ne paraît pas
comprendre combien elles attristent les plus fidèles
et découragent les meilleures volontés.

*<br>
* *

Tous nos royalistes dirigeants sont des hommes remarquables à des titres et à des degrés divers ; ils
possèdent d'ailleurs toutes mes sympathies, et il n'est
pas un d'entre eux que je ne sois prêt à soutenir de
toute mon énergie ; mais je voudrais qu'ils compris-
sent enfin que leur intérêt véritable, l'intérêt surtout
de notre chère patrie, leur imposent le devoir d'inaugurer une politique plus loyale et plus prévoyante.
Ah ! si certains d'entre eux avaient, dès l'origine,
employé leur puissante activité, leur légitime in-
fluence, leur entraînante parole, et leur admirable
talent de publiciste, à pratiquer la politique d'union,
à répandre dans les masses qui leur sont si sympa-
thiques la saine doctrine. S'ils avaient suscité dans le
cœur de nos braves paysans, si pleins de bon sens et
si patriotes, les fortifiantes espérances d'un gouvernement vraiment national, j'en suis convaincu,
notre pays, tout entier, à part les personnalités que
l'on ne convertit jamais, et pour cause, mais qu'on
entraîne quand on est le plus fort, serait conquis
à nos idées et la situation serait bien simplifiée.

Ils sont nombreux les conservateurs que je connais, que l'on dit bonapartistes, et qui ne sont, au
fond, que d'excellents Français, très indifférents sur
le nom du gouvernement et que n'effarouche pas du
tout le nom du Roi, tout au contraire, et ne deman-

.dent que la paix et l'ordre qui leur permettront de travailler et de faire leurs affaires. A tous ces braves gens, ne pas dire nettement sa pensée, son but, ses espérances; ne pas s'efforcer de les leur faire partager, s'ils hésitaient à le faire, en leur en indiquant les raisons, c'est manquer de confiance en eux et douter de leur bons sens. Si nous avons confiance, nous, dans nos idées et sommes bien décidés à les faire prévaloir un jour, nous devons dire à tous quelle est notre solution, et à ceux qui en espéreraient une autre, qu'ils se bercent de vaines illusions que plus tard des politiciens exploiteront à leur profit personnel pour le plus grand mal de la patrie. Pourquoi donc, par la plume, par la parole, par l'exemple, tous les royalistes n'entreprendraient-ils pas cette patriotique croisade. Les masses les écouteront et les suivront, parce que leurs aspirations, quelque inconscientes qu'elles soient, les poussent vers eux. Pour cela, il suffira de leur parler un langage clair et sincère. Car, ne trompez personne, royalistes, qui que vous soyez ; que pas un de vos électeurs ne puisse vous dire un jour : « Vous m'avez trompé; j'attendais une autre solution. » Car ce jour-là, n'en doutez pas, cet électeur se retournerait contre vous, avec vos ennemis, et sacrifierait, au besoin, son propre intérêt, sans savoir, pour se venger. Ce serait ne pas connaître le cœur humain que de croire le contraire.

*
* *

Je n'ignore pas, conservateurs dirigeants, ce que vous dites, pour justifier votre politique, et ce que vous répondez, dans vos petits comités, à ceux qui, comme moi, vous font part de leurs craintes : « Mais nous sommes tous des monarchistes; nous « sommes d'accord entre nous et cela suffit. Qui pour- « rait d'ailleurs se méprendre sur nos opinions et « notre but? A quoi bon le dire? A quoi bon soule- « ver inutilement des polémiques et peut-être provo- « quer des divisions? Agissons et taisons-nous. Au « surplus, ne reste-t-il pas assez à dire aux électeurs « au point de vue exclusivement conservateur. Et « puis, nous suivre dans ces conditions, n'est-ce pas « approuver notre politique et s'engager à la ratifier, « à l'occasion, ainsi que nos actes? »

Erreur, messieurs, ou illusion pure, si vous croyez cela. D'abord vous n'êtes pas même sûrs de vous-même, et vous ne pouvez pas l'être; vous ne sauriez l'être, au moment décisif, qu'autant que tous, der-rière vous, vous auriez un parti homogène et prêt à vous suivre. Eh! bien, vous ne l'aurez jamais, ce parti homogène et sûr, en procédant ainsi, et c'est une illusion bien singulière de croire que, dans de telles conditions, vous seriez tous pour une solution unique. Vous seriez à la merci du premier ambitieux venu que votre solution ne satisferait pas, et qui relève-rait devant un corps électoral, ainsi composé, le drapeau d'un ou de tous les partis évincés. Or ces ambitieux-là ne manquent jamais en semblable circonstance.

Vous prétendez que vos électeurs savent bien, au

fond, à quoi s'en tenir sur vos projets. Mais comment le sauraient-ils donc, et par qui, si tous ceux qui les abordent s'efforcent de les leur cacher? La vérité, c'est qu'ils n'en savent rien; j'en ai cent preuves. Je les ai interrogés maintes fois, les électeurs des campagnes et même des villes; eh! bien, les trois quarts au moins ne savent ni ce que vous pensez, ni ce que vous voulez, ni où vous les conduirez, et ils s'en plaignent amèrement. Quelques-uns même et les plus intelligents sont humiliés et froissés de ce défaut de confiance. Ils votent, sans savoir, parce qu'ils croient faire aussi leur devoir; parce qu'on leur a dit de voter ainsi; mais quant au sens de leur vote, sur ses conséquences, ils ne savent rien et cependant cela les préoccupe, avec raison. Combien m'ont tenu ce langage : « On nous a dit de voter pour M. un tel; mais qu'est-ce qu'il veut donc M. un tel; il n'est donc pas content; il veut donc prendre la place des autres !! » Et voilà les sentiments qu'on laisse se former dans le cœur des trois quarts des électeurs et l'on croit pouvoir compter sur un corps électoral ainsi composé, qui pourra devenir demain la proie des agitateurs intéressés qui voudront s'en donner la peine !! C'est insensé.

*<br>* *

« Ah ! » disent encore certains politiques, qui se croient profonds parce qu'ils sont sceptiques et qu'ils ont une bien médiocre idée de leurs semblables : « le

« peuple, à quoi bon s'en occuper? l'histoire ne dit-
« elle pas, qu'au lendemain de toute révolution, de
« tout changement de gouvernement, obtenu n'im-
« porte comment, le peuple a ratifié invariablement
« tout ce que l'on a voulu. »

Ratifié, peut-être ! approuvé : jamais. Pas d'illusion
à cet égard, et si les leçons de l'histoire, puisqu'on
l'invoque, ne sont pas lettre morte, réfléchissons, je
vous prie, et ne recommençons pas les dures expé-
riences du passé. Mieux vaudrait cent fois, pour la
France, conserver le mal que nous avons, que nous
connaissons, que nous précipiter de nouveau, en aveugles, et de précipiter, avec nous, la patrie dans l'in-
connu.

Nos princes, le roi, M. le comte de Paris, qui en ce
moment gagne tristement la frontière, ne pensent-
ils pas exactement ainsi? C'est ma conviction. Si
j'interprète bien l'attitude de M. le comte de Paris
depuis qu'il est devenu le chef incontesté de la mai-
son de France, et, pour tous les royalistes, le roi de
l'avenir, il comprend la situation, comme je la comprends. Il a le sentiment de sa responsabilité ; il ap-
pelle, du fond du cœur, l'union de tous les Français
sous le drapeau de la monarchie, mais il ne veut pas
d'une coalition qui le rendrait le prisonnier des coa-
lisés ; il ne s'embarquera jamais dans une semblable
aventure, et il a raison. Les hésitations, la réserve,
que certains royalistes trop pressés lui reprochent, ne
sont que le résultat de son ardent patriotisme. Ce
n'est point un trône qu'il convoite ; il n'en voudrait

à aucun prix, si son devoir et l'intérêt de la France ne lui imposaient sa royauté. Ce qu'il désire, c'est le bien de son pays; c'est de conquérir, par la raison et l'affection, l'adhésion de son peuple, mais non au moyen d'une surprise. Voilà quelle est la pensée intime du Roi, et quand on vient dire qu'il a donné son adhésion à certaines coalitions, à une campagne poursuivie sur un tout autre terrain que celui de l'union éclairée et consciente des électeurs, je n'hésite pas à répondre : on a trompé le roi, on nous trompe, ou bien l'on se trompe.

*
* *

Après avoir indiqué les raisons, parlons aussi du prétexte que certains conservateurs sont bien heureux d'invoquer pour justifier leur politique. « Mais, di-« sent-ils, ce que vous conseillez est une chimère. « Cela n'est plus possible; cela l'était peut-être avant « la revision; depuis le retrait de l'article 8 de la « Constitution, ce que vous conseillez est interdit. »

— Ah ! la fameuse revision ; vraiment les républicains, lorsqu'il s'agit d'activer la démoralisation et la désorganisation d'un pays, ne laissent aucune sottise à commettre. La République avait en face d'elle des partis divers et un pays incertain, avide de vérité, qu'ils se disputaient; ce pays leur demandait à tous, et l'eût exigé, des déclarations nettes et loyales sur leurs intentions et leurs projets, et tous étaient fort embarrassés. Les formules creuses allaient donc disparaître ; les radotages sur le conservatisme, le libéralisme, le radicalisme, etc., allaient cesser, et l'éducation morale et politique du peuple allait donc commencer enfin avec des idées nettes et claires ; on allait donc connaître la vérité, et, qu'on me permette cette expression, ce que chacun des divers partis avait dans le ventre. La moralité politique, la loyauté, la valeur des principes de chaque parti allaient pouvoir être connus, discutés et appréciés par l'opinion. C'était là une situation de laquelle pouvait sortir, en quelques années, pour la France, une ère toute nouvelle, une véritable restauration sociale, la victoire de la vérité et du bon sens sur les erreurs intéressées et les obscurités voulues trop longtemps entretenues dans la nation.

C'était donc, forcément, une situation nette ; que dis-je ? c'était une situation absolument favorable à la République. Étant au pouvoir, assistant à la bataille des partis, elle pouvait profiter des enseignements qui s'en dégageraient ; elle pouvait observer l'opinion vraie du pays et devancer ses adversaires dans sa conquête. Cela pouvait aussi lui donner du temps ; pendant que ses adversaires s'entre-dévoreraient, au milieu d'un peuple calme, indifférent aux sottises, attentif seulement à son intérêt, la République pouvait tenter quelques réformes heureuses dont elle aurait eu tous les bénéfices, et elle pouvait montrer ce dont elle était capable. Cette situation enfin lui donnait, de quelque côté qu'on l'envisage, des avantages énormes sur ses adversaires et, vraiment, si

l'article 8 de la Constitution Wallon n'eût pas existé,
la République eût dû songer à l'y introduire,

Ah ! bien, oui ; ce serait mal connaître les républicains ; leurs grands hommes, leurs docteurs ès-sophismes et ès-gâchis, n'ont pu tolérer cela. De la lumière, de la netteté, il ne leur en faut pas. Et puis, il fallait à leurs adversaires un prétexte facile pour s'entendre, se coaliser, sauf à tromper le peuple et à perpétuer dans son sein les préjugés et les erreurs qui rendent tous les maux possibles et paralysent toute tentative pour le bien. Bref, il y avait là une sottise à commettre, et les républicains l'ont commise.

Mais enfin elle existe, cette sotte revision, et nous devons l'accepter ; raisonnons donc avec elle, puisqu'on ne peut plus guère, à cette heure, en France, raisonner qu'avec la sottise et l'erreur.

*<br>* *

Qu'interdit actuellement la loi ? Toute tentative ou provocation tendant directement au renversement immédiat de la République. La Constitution ne veut ni révolte ouverte, ni attaque directe à la République, et elle a raison. Elle n'avait même pas besoin de la revision pour cela. L'article 8, si les républicains eussent été de véritables politiques, pouvait devenir, entre des mains habiles, pour eux, une raison de force ; pour les adversaires de la République une cause de faiblesse, au moins momentanée, et pour le pays une garantie de moralité et un moyen de faire son éducation politique.

Eh ! bien, c'est cette situation, que la revision ne supprime nullement, qu'elle n'empêche pas, mais que l'article 8 pouvait *imposer*, pour le plus grand bien de tous, que je voudrais voir rétablie, aujourd'hui que la République a démontré aux plus aveugles qu'elle est incapable de faire le bonheur de la France et d'assurer sa prospérité, et parce que je suis convaincu qu'il importe, au dernier point, de préparer l'opinion publique à la solution monarchique avant qu'elle ne soit une réalité, si l'on ne veut se précipiter de nouveau dans les aventures.

Or, je ne conseille pas autre chose. Je ne veux pas le renversement immédiat de la République, parce que le gouvernement qui doit la remplacer n'est pas prêt, là surtout où il devrait l'être, dans l'opinion et dans la nation. L'état-major, les cadres peuvent être prêts, le pays ne l'est pas dans les conditions nécessaires. Ce que je veux, c'est, le jour où la République sombrera sous le poids de ses fautes, un gouvernement prêt à la remplacer et surtout un pays prêt et fermement résolu à l'accepter, non pas simplement comme un fait, mais en connaissance de cause, comme le gouvernement de son choix, et qui lui octroiera crédit et force pour entreprendre les restaurations nécessaires. En dehors de ces conditions, un renversement immédiat, c'est la porte ouverte à toutes les révolutions, peut-être à la ruine absolue de la patrie dans l'état actuel des esprits.

L'intérêt de la patrie, il exige impérieusement que l'on songe à ce lendemain, et il faut y préparer les électeurs ; nous n'avons pas besoin de le provoquer, nous autres royalistes, ce lendemain ; il se produira assez tôt, qu'on le veuille ou non ; l'important est de ne pas se trouver au dépourvu lorsqu'il deviendra une réalité, et de le préparer.

La politique royaliste que je conseille ici est tellement légitime et pratique que M. de Freycinet n'a pu s'empêcher de le proclamer lui-même formellement il y a trois jours, à la tribune du Sénat, lors de la discussion de la loi d'expulsion. Voici ses paroles textuelles :

« Je reconnais le droit de tous ; je reconnais aux « partis monarchiques le droit de préparer l'avène- « ment de la monarchie ; je leur reconnais le droit « d'y travailler par une propagande pacifique et lé- « gale. Jamais je ne m'élèverai contre des hommes « politiques qui croient de leur devoir de préparer « l'avènement d'un régime qu'ils estiment être le « mieux approprié au bonheur du pays. Je reconnais « également aux princes qui seraient appelés à ré- « gner le droit d'affirmer leurs prétentions. » (*Journal officiel* du 22 juin 1886, page 890).

Tout ce que veut encore aujourd'hui M. de Frey-cinet, en attendant qu'il veuille autre chose, c'est que M. le comte de Paris imite M. le comte de Chambord. Ce sont ses propres paroles. S'il l'expulse, c'est uniquement parce qu'il ne le trouve pas assez roya-liste. Voyez-vous ça ; quel puritain ! — En vérité, je vous le dis, cet homme étonnant, ondoyant et divers, seul décoré des mains de l'impératrice, mourra dans la peau d'un chevau-*léger*. Battez des mains, applaudissez l'expulseur, intelligents radicaux ! La petite souris blanche, qui vous jouera tous, les uns après les autres, est bien plus *intelligente* que vous. Et même, je ne voudrais pas jurer que cet aimable compère, rentré le soir, après un de ses bons tours, dans son opulente souricière du quai d'Orsay, ne rit pas très franchement de votre naïveté, seul, ou en compagnie des ratapoils de son ministère, qu'un bien spirituel républicain appelait, l'autre jour, en ma présence, les *clair-de-lune* de M. de Freycinet.

Ne procédons donc pas en casse-cou; ne nous coalisons pas pour renverser, mais unissons-nous pour sauver. S'il plaît aux républicains de détruire la République par leur détestable politique, devons-nous, du même coup, leur laisser détruire la France? Non, jamais; aucune constitution au monde ne peut empêcher un peuple de défendre son existence, et les Français qui se rallieront à cette politique d'union, quels qu'ils soient, car tous y sont intéressés, ne doivent se préoccuper que d'une chose, de l'avenir de la patrie.

Ce que je conseille est donc légitime et pratique; c'est l'exercice du premier des droits de l'homme, celui de légitime défense, et je ne fais à personne, surtout je ne fais pas au gouvernement de mon pays, quelque détestable que je le trouve, l'injure de croire que ce droit est devenu une chimère en France, et le jour où les destinées du pays seront de nouveau confiées à la monarchie, si cette dernière, contre notre attente à tous, s'en montrait indigne ; si elle compromettait, à son tour, les intérêts sacrés de la patrie, le devoir de tous les patriotes serait, alors comme aujourd'hui, d'assurer aux républicains, devenus plus expérimentés et plus sages, ou à d'autres, l'exercice de ce même droit, qui, dans tous les temps et sous tous les régimes, doit constituer le droit, par excellence, des peuples libres, comme des individus.

Mettons-nous donc résolument et sans crainte à cette œuvre de préservation sociale ; il n'est jamais trop tard pour bien faire, et si cette nouvelle manière de procéder devait entraîner quelques difficultés, *que le patriotisme des chefs doit et peut éviter facilement*, et même retarder la chute de nos pires ennemis, qu'importe, si nous arrivons toujours au but, et nous y arriverons, soyez-en certains, si nous évitons à notre patrie les terribles catastrophes que toute autre politique amènerait inévitablement.

Les élections au Conseil général sont une occasion qu'il faut saisir ; que partout on substitue l'union à la coalition. M. Thiers a dit : « L'avenir sera aux plus sages. » C'est vrai, plus que jamais. Soyons donc les plus sages, surtout les plus patriotes. Pas de précipitation, beaucoup de prudence afin de pouvoir être vrais et loyaux sans inconvénient ; des ménagements, tant qu'on voudra, mais point de déguisements, nul ambage ; que partout un souffle de vérité, de sincérité et de patriotisme se dégage de tous les cœurs des royalistes pour passer dans le cœur de nos braves paysans et ouvriers, de tous ceux, quels qu'ils soient, qui aiment comme nous la France.

Nos paysans, nos ouvriers, tous si intéressants et si méritants, c'est à eux que nous devons nous adresser tout d'abord, en amis, comme membres de la grande famille française, non pas, comme on l'a fait jusqu'à présent, en temps d'élections seulement, quand on a besoin d'eux, mais partout et toujours, pour les aider, les éclairer, les aimer aussi et nous mettre en union intime d'idées avec eux, comme nous le sommes forcément d'intérêts.

Je crois connaître le paysan aussi bien que qui que ce soit; j'en suis un et j'ai passé toute ma vie au milieu d'eux, mêlé à leurs pensées et à leurs intérêts. Oui, il est défiant, le paysan. Mais vraiment, ce n'est pas sa faute. Tous les gouvernements qui, depuis plusieurs générations, se sont succédé en France, ont tous cherché à le tromper. S'il a des préjugés, et il en a, c'est parce que tous ces gouvernements se sont efforcés de les lui inculquer dans l'espoir d'en profiter toujours. Mais, je l'affirme avec certitude, parce que cent fois j'ai pu en faire l'expérience, le paysan et l'ouvrier français, sauf de très rares exceptions, sont honnêtes et pleins de bon sens, et c'est eux qu'il faut prendre comme base, parce que c'est la plus large et aussi la plus solide, de toute restauration sociale. Ils voient bien vite si on leur parle avec l'accent de la vérité et de la conviction, et cette défiance qu'on leur reproche, ils ne demanderaient pas mieux

que de s'en dépouiller ; ils éprouvent un besoin in-
conscient, mais impérieux, de vérité ; ils voudraient
savoir cette vérité, s'orienter dans le cahos où on les
fait tourbillonner. Ils sentent bien que la plupart du
temps on les trompe pour les exploiter ; qu'on se sert
d'eux pour servir des ambitions particulières et non
leurs intérêts véritables. Mais ils ne savent pas précisément en quoi ni comment. Leur cerveau est plus
obscur que borné ; c'est de la lumière qu'il y manque,
et la lumière des cerveaux c'est la vérité. Oui, messieurs, qui que vous soyiez, qui aurez la patience et
le courage de lire ces lignes, par tous les moyens possibles, versons, versons toujours, et sans défaillance,
la lumière de la vérité à ces masses profondes de la
démocratie française, la plus vivace, la plus saine,
encore, peut-être, mais certainement la plus robuste
d'Europe. Mais le moment est venu, il presse, de se
mettre à l'œuvre. En ce moment, tout est possible
pour le bien. Demain, il n'y aurait peut-être plus de
place que pour le mal.

*<br>* *

Il me semble qu'on ne se fait pas une idée exacte
de la situation présente en France ; on ne voit que la
surface, on n'en envisage pas les profondeurs. Plus
j'observe, plus je réfléchis, en m'entourant de tous
les moyens possibles d'information, et cela depuis
plusieurs années, sans aucun parti pris, avec le seul
souci de la vérité, plus je suis convaincu que, politi-

quement parlant, les divers partis, en France, ne sont
représentés que par des états-majors; la mêlée politique à laquelle nous assistons est toute entière entre
ces divers états-majors. La masse y est indifférente.
Derrière chacun de ces partis, il n'y a, en réalité, que
des parcelles infimes de cette masse sociale, en dépit
de tous les scrutins qui ne sont que des trompe-l'œil.

C'est ce qui rend tout possible aux maîtres successifs du pouvoir; ils peuvent tout se permettre entre
eux et avec leurs adversaires : la nation y est indifférente et souffre tout.

Toutes ces luttes, toutes ces querelles n'ont aucun
écho appréciable dans son sein; la France ne recon-
naît pas sa parole dans cette orgie, et elle n'écoute
même pas. Quand enfin, dans nos Chambres, cette
voix, haute et mâle de la patrie, comme la foudre dans
les ténèbres, éclatera pour dissiper les erreurs et in-
diquer les voies de l'avenir, on verra bien. Jusque-là,
la pauvre France se résigne, souffre et travaille. Cette
vérité me paraît si évidente, que, s'il n'en était pas
ainsi, il serait impossible de comprendre comment
certains politiciens ont pu, ou peuvent encore se permettre impunément tant de fantaisies, insensées ou
iniques.

A l'étranger seulement, je crois, on se fait une idée
exacte de cette situation. Voulez-vous me permettre,
mes chers concitoyens, une comparaison bien tri-
viale, mais qui rend bien ma pensée. Souvent il nous
arrive de nous rencontrer, dans nos promenades, au
milieu de ce Paris, si grand et si beau, si curieux à

observer de près et qu'on connaît bien peu ; souvent, dis-je, il nous arrive de nous trouver tout à coup en face de quelques mauvais drôles ou de gueux qui se chamaillent dans les termes les plus étranges et qui se permettent, entre eux, et même avec les voisins, les procédés les plus extraordinaires.

Nous les regardons avec pitié, mépris ou indifférence, rarement avec indignation, suivant les cas, et nous passons. Eh ! bien, en ce moment les partis politiques, en France, offrent aux étrangers et à l'Europe le même spectacle.

L'Europe regarde et tient en un profond mépris notre monde politique, et si elle tient grand compte néanmoins, dans ses conseils, de la France, c'est qu'elle est convaincue que la France véritable n'est point avec ce monde-là, qu'elle est ailleurs, puissante encore quoique troublée, incertaine, attristée surtout, mais qu'à un moment donné elle peut se ressaisir et faire encore grande figure et peser d'un grand poids dans la balance des intérêts européens.

Pour achever ma pensée, je n'hésite pas à dire que la masse de la nation française est, à cette heure, comme l'Europe ; elle regarde les partis s'agiter, les politiciens se chamailler, se permettant toutes les fantaisies les plus insensées, absolument comme nous regardons une troupe de cambrioleurs ou de saltimbanques disputant entre eux.

C'est, je le répète, qu'elle n'entend pas sa voix, dans cette mêlée, et qu'elle n'y voit pas flotter le drapeau de ses vrais intérêts.

*
* *

Cette situation ne saurait pourtant durer indéfiniment; toute farce doit avoir une fin. Passe encore, si les farceurs ne tenaient pas les cordons de notre bourse et si nous n'étions pas les victimes directes de leurs tours.

On ne fera cesser cette humiliante situation qu'en inaugurant la politique d'union, telle que je voudrais la voir pratiquer.

Dans un tel état social et politique, si l'on veut bien l'observer attentivement et sans aucun parti pris, et s'en rendre bien compte par l'analyse exacte de ses éléments, il n'y a la place que pour deux grands courants d'opinion, — un seul ne se comprend même pas et serait sans aucune espèce d'action, — une opinion isolée est une opinion morte; — un parti seul maître absolu et incontesté, ni combattu, serait un empire chinois ou un royaume Hindoue, où les peuples sont morts. Or, il importe, si l'on veut arriver à une solution, de travailler activement à l'organisation de ces deux courants nécessaires pour se vivifier par la lutte et se contrôler mutuellement, ce qui constitue la seule garantie d'un peuple libre.

Or, ces deux courants sont précisément ceux qui couvent actuellement sous l'état social que je viens de décrire; ils y existent en réalité, qu'on veuille bien l'observer, encore indéterminés, par la faute de tous, vagues et inconscients, mais parfaitement distincts;

c'est le courant républicain et le courant monarchique.

Quiconque, à mon avis, a le moindre sentiment de
la situation actuelle de son pays, ne peut hésiter un
instant à reconnaître cette vérité et à s'y rallier.

Il faut être, à cette heure, en France, royaliste ou
républicain. — Et quand je dis républicain, je n'entends pas dire opportuniste, radical, anarchiste, ou
toute autre chose semblable, mais républicain tout
court, c'est-à-dire acceptant, complètement et sans réserve, le principe de la souveraineté absolue du nombre, en politique, en économie politique et en morale, et prêt à l'appliquer.

Les deux termes du problème ainsi posés, et ils ne
sauraient l'être autrement, si l'on veut être logique, la
solution, si l'on m'a bien compris, ne saurait être
douteuse.

En l'état actuel de la civilisation et de l'éducation
politique du peuple en France, la République est absolument impossible ; elle consommerait, à bref délai,
la ruine de la France.

Plus tard, dans un siècle, dans un temps plus ou
moins éloigné, suivant la marche des idées et des
progrès, peut-être la République sera-t-elle possible,
dans sa réalité théorique ; je ne sais. Mais ce que je
sais bien, c'est qu'actuellement elle ne l'est pas, et
qu'il faut être ou un ignorant, ou un simple politicien
qui ne cherche dans la République que la satisfaction
de ses intérêts, pour n'en pas être absolument convaincu,

Les républiques dont on pourrait citer des exemples, à l'encontre de cette vérité, soit dans le passé, soit dans le présent, n'ont aucun rapport avec la République, telle qu'on voudrait actuellement la faire fonctionner en France. Tout y est différent, et ceux qui pourraient invoquer l'exemple de ces républiques n'en ont pas la moindre idée ; — quelques-unes même n'ont été ou ne sont encore des républiques que par le nom ; — ce furent, ou ce sont des oligarchies, des États fédérés, ou les deux choses en même temps, et leurs conditions sociales n'ont aucun rapport avec les conditions sociales actuelles de France.

Donc, aujourd'hui, et pendant de longues années encore, il n'y a de véritablement pratique et désirable pour notre pays que la monarchie constituée comme le comportent et l'exigent les nécessités sociales actuelles.

Insistons encore, pour ne laisser aucune objection debout. Qu'on ne vienne pas dire qu'il serait tout aussi bien possible d'approprier la république que la monarchie aux conditions sociales actuelles. C'est là actuellement un rêve pur, ou un rêve d'ambitieux. Les conservateurs l'ont tenté avec M. Thiers, les libéraux avec MM. Dufaure et Jules Simon, les opportunistes avec M. Jules Ferry ; je ne parle pas de Gambetta, artiste, qui ne fut, en politique, qu'un impressionniste. Les *je ne sais quoi* et les radicaux le tentent aujourd'hui ou le tenteront demain, et après eux, toute la série des anarchistes, socialistes, solutionnistes, etc,

Tous sont inexorablement condamnés à échouer ; il faut être aveugle, ou ministre, pour ne pas le comprendre. Je fais abstraction des hommes qui peuvent être excellents, j'en connais, de remarquables et animés des intentions les meilleures, je concéderai même, les plus patriotes, c'est le principe qui est, non pas radicalement mauvais, mais inapplicable, d'une façon absolue, en l'état actuel de la France. La république, telle que je la comprends, telle que je la réclamerais peut-être si je vivais dans un siècle, ce qu'à Dieu ne plaise ! ce serait un noble et bel édifice, semblable aux Pyramides d'Égypte. Mais, comme pour celles-ci, il faudra, pour l'édifier solidement, de longues années, peut-être même des siècles. Jusque-là, la République ne saurait produire autre chose que ce qu'elle a produit dans le passé et dans le présent, c'est-à-dire des ruines. La République doit être la pyramide debout sur sa base, et cette base naturelle et nécessaire, c'est le peuple. Aujourd'hui, la République, c'est la pyramide renversée, la base en l'air ; pour la soutenir il faut lutter constamment et vigoureusement contre cette base qui vient rejoindre le centre de gravité, c'est-à-dire que les républicains doivent être perpétuellement en lutte avec le principe républicain lui-même, que des assaillants logiques et incessamment renouvelés veulent soi-disant appliquer pour en profiter à leur tour.

C'est à construire cette base sociale que tous les Français de bonne foi et de bonne volonté, sans exception, s'ils étaient simplement patriotes, devraient s'appliquer sur l'heure. La monarchie constitutionnelle est l'étape absolument nécessaire aux générations présentes et peut-être encore à celles qui nous suivront, si elles veulent arriver sûrement et sans catastrophe à s'abriter un jour sous l'édifice définitif de l'avenir, s'il reste encore alors à l'humanité — un avenir terrestre. — C'était sans doute la pensée de Rousseau quand il dit, dans son *Contrat social*, que la République n'était guère possible que dans une société d'anges. Il me semble qu'il n'est pas indispensable de regarder M. Naquet, M. Paul Bert, ni même l'expulseur, M. de Freycinet, pour voir que nous ne sommes pas des anges.

En attendant qu'il plaise à Dieu, qui seul en a la puissance, de faire de nous des anges, mon avis est qu'il faudrait que nous réunissions tous nos efforts pour faire de nos paysans et de nos ouvriers de bons citoyens, aussi éclairés qu'honnêtes. Ils sont bien aujourd'hui, de par la loi, des citoyens, mais ils sont, en fait, ce qu'ils peuvent, les pauvres gens, et il faut convenir qu'en France les classes supérieures, prétendues dirigeantes, ne les ont guère traités comme de véritables citoyens jusqu'à présent.

Cette loi sociale nouvelle, fille de 1789, et bien légitime, celle-là, qui, en supprimant les castes et en détruisant les privilèges, a voulu confondre et unir tous les Français pour en faire un même peuple, enfants de la même patrie, a toujours été et est encore bien mal pratiquée en France. C'est un tort très grave, que les classes dirigeantes, en Angleterre, n'ont pas commise, et je n'hésite pas à dire que si cette nouvelle loi sociale eût été mieux comprise et surtout mieux appliquée en France, depuis 1789, bien des révolutions et bien des ruines auraient été épargnées à notre pays. Je connais un peu mon histoire, et je crois pouvoir dire aussi, quelque lamentable que soit cette vérité, qu'aujourd'hui, à la fin du XIX<sup>e</sup> siècle, la noblesse et une très grande partie de la bourgeoisie sont moins mêlées à la vie du peuple qu'ils ne l'ont été dans les siècles précédents, et que leurs rapports n'on rien gagné en affection sincère et en fraternité, tout au contraire. Les barrières morales qui, à cette heure, séparent les diverses classes de la grande famille française sont plus hautes et plus infranchissables que ne l'étaient autrefois les barrières constitutionnelles. Jamais, je crois, les haines, les suspicions, la défiance, l'envie n'ont étendu plus complètement leur chancre rongeur sur la société qu'actuellement. Pour le philosophe, pour le Français patriote et éclairé, c'est là un spectacle bien douloureux, le plus douloureux de tous, un siècle bientôt après 1789, une grande révolution qui, dit-on, a régénéré le monde. Pauvre monde, pauvre humanité, il faut convenir qu'à les regarder de près, on ne s'en douterait pas.

De même que dans le passé, ce n'est point par des lois positives ni par des décrets qu'on régénérera la société, qu'on fera de tous les Français, je ne dis pas des frères amis, quoique ce serait un beau rêve, mais simplement de bons citoyens d'une même patrie ; c'est par les mœurs, par l'action constante et affectueuse de tous sur tous, par l'action surtout et l'exemple des classes dirigeantes, de la noblesse et de la bourgeoisie, lesquelles ont été jusqu'à ce jour aussi égoïstes et aussi peu intelligentes que possible. L'avenir de la société, les garanties de la sécurité et du bonheur de tous, qu'on le veuille ou non, sont là ; que tous ceux que l'égoïsme ou les passions n'aveuglent pas le comprennent et agissent en conséquence.

On se plaint des préjugés et quelquefois des ingratitudes du peuple. Mais, a-t-on jamais rien fait pour détruire les uns et prévenir les autres? On s'en étonne ; moi, ce qui m'étonne, c'est encore la bonté et le bon sens du peuple. Songe-t-on bien à quelle école on l'a mis, ce pauvre peuple français, depuis près d'un siècle, quand aujourd'hui on se plaint que son éducation politique et même morale laisse beaucoup à désirer? C'est à l'école de la violence, de la duplicité, du mensonge, de la corruption, et jamais de la vérité et de la véritable fraternité que l'on s'est contenté d'inscrire sur les murs. Et quels ont été ses maîtres? toujours la noblesse et la bourgeoisie, dans des mesures et avec des responsabilités diverses; révolutions dans les faits, révolutions dans les idées, toutes sont issues des compétitions égoïstes et véritablement barbares de quelques personnalités nobles ou bourgeoises, pour lesquelles le peuple, je parle du vrai peuple, et non pas de la canaille de la rue, n'a toujours été qu'un instrument, plus qu'à aucune autre époque de notre histoire, matière taillable et corvéable à merci. Ce serait une lamentable histoire que celle de toutes ces turpitudes, où les faits seraient dépouillés de leurs prétextes, de leurs causes apparentes, pour leur substituer leurs causes vraies; où tous les hommes apparaîtraient sans masques, dans toute la réalité de leur laideur de politiciens égoïstes, jamais, ou presque jamais patriotes. C'est là un sujet que je recommande à M. Taine.

Il serait trop temps vraiment de parler enfin le langage de la vérité, de la raison et de la justice, et cela, non pas seulement du bout des lèvres, mais du fond du cœur, avec toute son âme, pour la patrie.

Et cela est-il donc si difficile? Les principes, qui font la base nécessaire de toute société civilisée, sont-ils donc si nombreux, si compliqués, qu'ils ne puissent être mis à la portée de tout le monde, des plus simples et des plus humbles? Mais non; les plus simples comprennent que, comme dans toute famille, dans toute société, il faut, non pas un maître, mais un chef, et que ce chef doit être obéi et respecté; que dans toute société, comme dans toute famille, il faut une règle supérieure et incontestée, garantie de la liberté de tous, à laquelle tout le monde doit obéissance et respect, le chef comme les autres, et que cette règle, c'est l'expression simple et claire de deux ou trois principes éternels; que dans le monde, pour qu'il y ait une sanction à la liberté et une moralité dans les actes, le bien et le mal sont mêlés, et que la vertu consiste à rechercher l'un et à éviter l'autre; et tout le monde ne comprend-il pas, ne ressent-il, au fond de sa conscience, qu'en dehors des lois et des règles humaines, et supérieure à elles, il y a une loi divine qui impose à tous, avec le respect de Dieu, la fraternité et l'amour? Mais tout cela, ce sont des principes aussi clairs que peu nombreux, et de ces simples et imposantes vérités découle tout ce qui intéresse ici-bas l'homme social, quel qu'il soit, au faîte comme à la base de l'édifice national.

A quoi bon embrouiller la politique et la morale d'un tas de choses dont elles n'ont que faire? A quoi aboutissent toutes ces tirades intéressées, à propos de tout, et de rien, sur le conservatisme et le radicalisme; sur la monarchie et la république? Est-ce que tous les partis ne peuvent pas se réclamer des principes conservateurs? Est-ce que le devoir de tous les partis n'est pas d'être radicaux, quand il le faut, quand un intérêt social réclame de supprimer un mal ou d'imposer un bien. Moi qui vous parle, mes chers concitoyens, et que l'on prend peut-être, bien à tort, pour un réactionnaire, si jamais les circonstances mettaient en mes mains une parcelle du pouvoir, dans mon pays, on serait étonné de mon radicalisme, et rien au monde ne m'empêcherait de le mettre en pratique, parce que mon radicalisme serait basé sur l'intelligence réfléchie et vraie des nécessités sociales et des exigences absolues de l'avenir. Il est des instants, dans la vie des peuples, comme des circonstances dans la vie des individus, où il faut faire la part du feu, et la faire à temps. — La retarder, c'est tout perdre. — Nous sommes à un de ces instants, plutôt nous y touchons. Malheur à ceux, quels qu'ils soient, qui, au moment précis, ne sauront pas faire la part du feu ! Terrible sera leur responsabilité. Il est lourd le bagage des erreurs accumulés partout, dans les lois, dans les constitutions, dans les mœurs par un long passé. Le vieux cadre social, dans lequel on voudrait enfermer et faire vivre le monde nouveau, va se briser ; il va falloir en construire un nouveau.

Le comprend-on, à cette heure ? royalistes et républicains y songent-ils bien ? ont-ils une idée exacte de la situation ? — Non ; tous, ou presque tous, étourdis par le tourbillonnement des intérêts et des passions, aveuglés par leur égoïsme, épouvantés par le sourd grondement de la révolution qui se prépare et qui aboutira si on ne la prévient, ils vont, par la société, et ils vivent au jour le jour, comme s'ils ne se doutaient de rien, tout entiers à des querelles byzantines, à des projets sans nom, œuvres de cerveaux détraqués, à des combinaisons que l'on croit habiles et qui ne sont que des expédients, toutes choses qui, au grand jour de la bataille des véritables idées et du choc des intérêts sérieux, auront le poids et la valeur d'un grain de sable, chassé par un vent d'orage.

*Dieu protège la France !*

Juin 86.

## Ch. ROBIN.

Moulin-Lacourt, par Charolles (Saône-et-Loire).

Paris. — Typ. A. PARENT, A. DAVY, successeur,
52, rue Madame, et rue Corneille, 3.

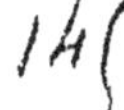